教師が気づけば生徒が変わる！

―宇城教師塾実践録にみる 真の教育とは何か―

宇城教師塾事務局 編
宇城憲治 監修

教師塾の学びとは

宇城教師塾　塾長　宇城憲治

なぜ、身体を通しての学びなのか。

それは身体を通しての学び（体験）は「知恵」を生み出すからです。

「知恵」は生きる活力です。

頭（言葉）を通しての学びは「知識」です。

「知識優先主義」は、今や最先端技術の生成ＡＩやチャットＧＰＴにとって代わられつつあります。

私たち人間の直近の生みの親は両親です。その集合体である人間、すなわち人類の生みの親は宇宙です。宇宙はまたすべての創造主でもあります。

この宇宙に存在しているという事実はまさに私たちが「生かされている」ということであり、そこに畏敬の念を持ってこそ私たち人間の「あり方」も見えてくるのではないでしょうか。それがすなわち莫大なエネルギーを持つ宇宙からのメッセージです。

その受信機は、37兆個の細胞と細胞内包のＤＮＡで個を成す身体にあります。

勝利至上主義によって断片化された従来の常識や知識すなわち「対立構図」をとっている部分体から、「寄り添う」という「調和構図」によってつくり出される全体、統一体に変容していくこと。その変容のプロセスを通して人間の潜在力が発揮されます。その身体を通しての体験システムが図1の、実践プログラムです。

心理学者のユングは「部分」は病気であり、反対の「全体」は健康であると言い、そして部分から全体に変容することを「救い」と言っています。

まさしくそれが、

―変化・成長へ導く　宇城式実践プログラム―

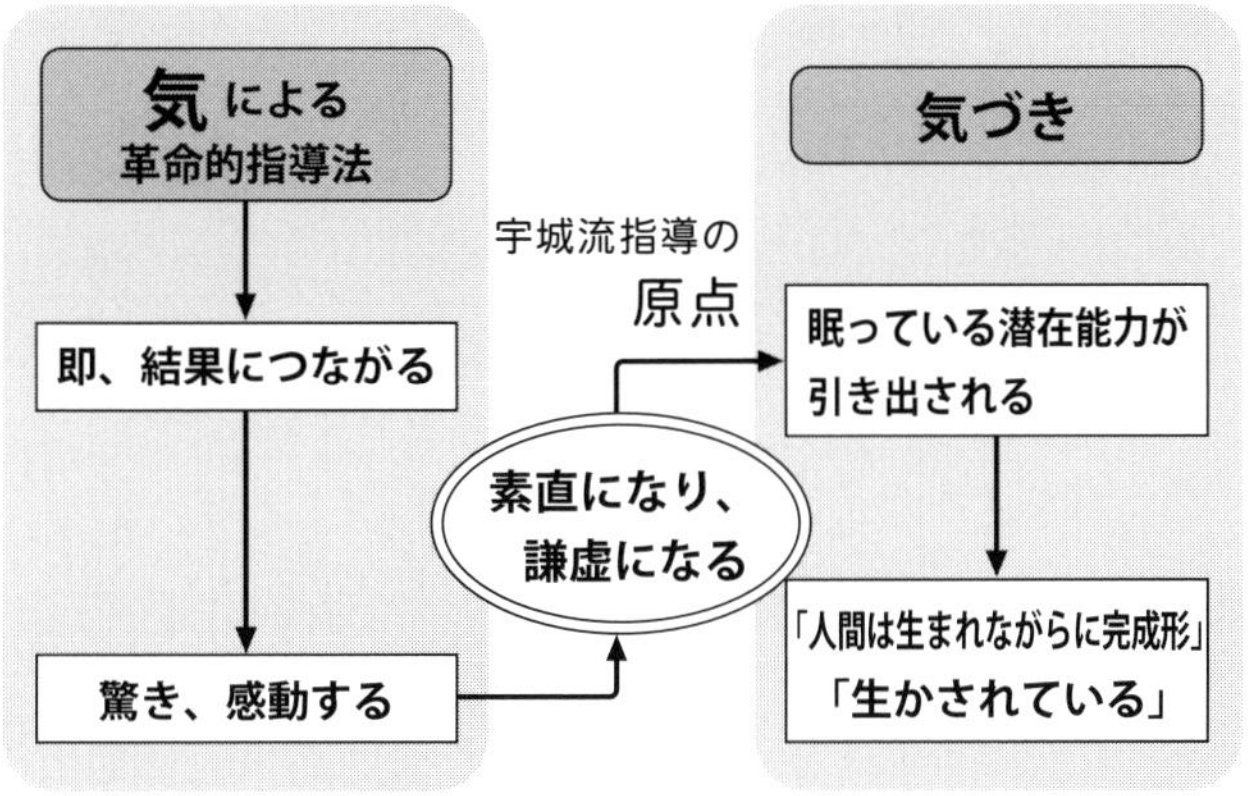

〈宇城塾の理念〉

生かされている存在としての自分、

すなわち身体の気づきを通して、人間として成長する。

知識によってつくられた横着な自分からの脱却。

そして何が一番大事なことかに気づくこと。

図1．宇城式実践プログラム

「進歩成長とは、変化することである。
変化するとは、深さを知ることである。
深さを知るとは、謙虚になることである」

この宇城持論のステップアップが変容であり、救いの道としての実践指針です。

季刊『道』で対談した、ノーベル賞を受賞された化学者の大村智教授は、ご著書『縁尋《えんじん》機妙《きみょう》』で、教師だったお母さまが教員時代、ご自分の日記に、「教師の資格とは免状ではなく、自分自身が絶えず進歩していることだ」と書かれていることを紹介されていましたが、まさにこの実践こそが大事であると思います。

本プログラムの目的は教育を変えることにあるのではなく、人間の潜在力の発掘にあります。そして「自分が変われば、周りも変わる」という一人革命の実践（宇城式実践プログラム）によって、自分自身も周りも、すなわち先生も生徒も希望ある未来に突き進むエネルギーを得る。その気づき、実践の場としてこの宇城教師塾はあります。

はじめに

宇城教師塾事務局　森島伸晃（高校教諭）

子どもたちに元気がないのは、大人・教師に活力がないからだ。
子どもたちが希望を持てないのは、目の前にいる大人が輝いていないからだ。

『子ども以上に大人だ。大人が困っている。
よし、やろう。教師が学ぶ場をつくろう』

私は意気込んで同志の先生方と勤務後に定期的に集まって勉強会を開いていました。もちろん目的は、教師の指導力を上げることです。

生徒の学力、部活動（野球）の成績、人間力を上げる。学校における諸問題・トラブルを解消し、保護者や地域、教員同士、生徒との信頼関係を構築する。日々の多忙な校務から解放され、家族や自分自身の時間を確保する。

学校教育現場で抱える子どもたちや先生方の悩み・不安の払拭に向け、様々な所へ出かけては、たくさんの人と交流を続けていました。懸命にやりました。しかし……。

いよいよ困ったのは、この私自身でした。


『先が見えない。どうしたら……。そうだ、宇城先生に頼んでみよう。

教師に特化した教師のための塾を先生にお願いしよう』

私は2005年から宇城憲治先生が主宰する『宇城道塾』という人間の潜在力を開発する講座で、潜在力の開発はもちろん、ものの見方、考え方など、生き方すべてにつながる学びをいただいていました。私はその宇城憲治先生に「教師塾」という、教師が学べる場を形成していただこうと考えたのです。

以来、奈良や京都の地で、主に関西圏の先生方が参加され共に学んでいます。教師塾は年に4回実施していただいておりますが、そのうちの2回は遠方からの先生方や一般の方々、そして児童・生徒、ご家族の皆様にも宇城先生に直接指導をいただける機会を設けたく、皆さんが参加しやすい夏休みや休日に、午前の教師塾に引き続いて午後から講演会も開催していただいています。

開講して、今年で5年目を迎えます。

ここで、『宇城教師塾』での学びとは、どのようなものか、その一端をご紹介いたします。


〈身体で学ぶ〉


教師塾に限らず他のすべての機会、世界各国におきましても宇城先生からの学びはすべて「自分の身体を通しての学び、すなわち体感して気づいていく」ことに徹しています。

学校教育に限らず従来の研修や各種セミナーなどでは、先ず教師・講師が「教え」て、生徒・受講生が「学ぶ」というスタイルですが、このあり方だと一方向の teaching の世界となり、生徒側は常に「頭で知識を受け取る」だけの受け身となってしまいます。

受け身は『部分体』という身体を形成し、その部分体の身体からでは断片的思考しか得られず、最終的には自身や周囲との衝突や対立を生み出すことになります。

また、昨今よく耳にする「自主性を重んじる」というスタンスですが、確かに教師と生徒相互の副作用は少なくなるかもしれません。ただ、そこには信頼関係に深まりや高まりなどは醸成されず、互いに真の自信も生まれてこないでしょう。さらには、蓄積される思考も自分の都合となりやすく、ものの見方・考え方も狭義に陥ってしまう危険性が大人にも子どもにも潜んでいます。

宇城先生が提唱する『統一体』という身体の形成に向けた身体を通しての学び、すなわち「身体で問い、身体で答えを導き出す」という学びは、実在全体に働きかけることで、全体的思考が開花し、そして進展し、どんどん深まっていきます。それは統一体が、

①調和・融合を可能にすること。

②人間の潜在力を引き出す事が可能であること。

だからです。

本書ではその教師塾での身体を通しての学びの一端を、宇城先生の既刊本や道塾での実践例を引用させていただき紹介していますが、教師塾ではそうした内容を子どもたちに伝える前に大人・教師自身が実践し、先ず自身の身体を練るようにしています。

それが教師の人間性と人間力の向上、スキルアップとなり、目の前にいる生徒の人間性と人間力の向上、スキルアップにつながっています。すると周囲とのつながりが生まれ、循環し、昇華され、そして互いの関わり合いから「信頼関係」が生まれ、気がつけば「真の絆」が形成されていくのです。

学校で学ぶ意義、学校の存在価値は、まさにここにあると考えます。当然、我々教師のやり甲斐、人間としての生き甲斐もここに大いに見出すことができています。

また教師塾では教育問題のみならず、タイムリーなニュースから様々な時事問題におけるものの見方・考え方等について、宇城先生の生き様を通しての講義があります。それが教育現場はもちろん、日常の様々な課題解決へのヒントやきっかけとなっています。

私自身は、宇城先生にご指導いただいて17年になりますが、この間、衝撃的であった実証・実例は数えきれません。最も衝撃的だった事は、『文武両道』の定義を初めて正しく学べたことです。

文武両道とは何か。

「文」とは、試験がないのに自ら勉強すること。つまり、偏差値やテストを意識した、あるいは合格するための学びではないこと。「武」とは、試合がないのに自ら稽古すること。つまり、相手に勝つため、優勝するための練習ではなく、自分との闘いであること。そして「道」とは、好きになること、極めることだと知りました。

このことを先生に出会うまで誰も教えてくれませんでした。まして自らはそのことに対し疑問すら抱きませんでした。今は、言葉の真意（深意）を得るとともに、その道を歩み始めては振り出しに戻るという我が人生ですが、〝知〟を〝智〟に転換するきっかけはいただくことができました。

さらに「スポーツ」を「スポーツ道」に、「勉強」を「勉強道」というあり方、皆がオンリーワンを目指すということも合わせてご教示いただき、光が見えたと言いますか、希望が持てました。そして今も諦めずに挑戦しています。

本書では教師塾ができるまでの過程や、宇城先生の教師塾への思い、そして身体を通しての教師塾での指導実践例を紹介しています。宇城先生に学ぶと、先生の気に包まれ自身にエネルギーが溢れ元気が出てきます。日々が生き生きとしてきます。本書には、塾生の身体で感じた「受講感想文」も紹介させていただきましたが、その様子が文面からも感じていただけるかと思います。

また塾での学びを教育現場で実践した報告、「実践録」の一端も記しています。そこから塾生の成長も感じていただけるのではないかと思います。


このご時世、皆、一人ひとりがある意味、迷子なのではないでしょうか。何処に向かって、何を信じていいのだろうかと。この問いに対して明確な答えを示している「すでにできているという実証」が【宇城式実践哲学】です。

教師が、この実践哲学を学びとる場が『宇城教師塾』です。ここには希望ある明るい未来に向けた明確な指針と方向性があります。

教師が気づけば生徒が変わる！

――宇城教師塾実践録にみる　真の教育とは何か――

◎

目次

第一章

教師に学びの場を！

――教師塾立ち上げまでの歩み――

森島伸晃インタビュー

（聞き手）編集部

――教師塾は森島先生が宇城先生に学んで始まった教師に特化した塾ですが、そもそも森島先生がなぜ、どのような経緯で教師塾を始めようと考えたのか、より詳しく伺えればと思います。先ず、宇城先生との出会いからお話しいただけますか。

森島　先生にお会いしたのは２００５年。その頃は野球では2年連続近畿大会ベスト4、春の甲子園出場と結果が出ていたのですが、実はそれが苦しかったのです。もう逃げ出したくて辞めたくて。そんな時に出会わせていただきました。

――いい結果が出ているのに、ですか。

森島　はい。行き詰まっていたんです。先が見えないというか、この先どうしていいのかが分からない。野球を辞めたい、甲子園も関係のない野球部もない特別支援学校に行こうか……もうこれ以上の指導はできないというところまで追い詰められている時に、ある人に宇城先生に出会わせてもらったのです。

——初めての出会いはどのような印象でしたか。

森島　宇城先生のやっておられることは全く今まで考えたことも見たことも想像したこともなかったようなことばかりで、びっくりしました。そこから学び始めて、自分の思い込みが激しいことや、今まで教えてもらってきたことが全く間違っていたということなどを、知識ではなく身体を通して少しずつ気づかせていただきました。そこから徐々に自分も変わっていったのだと思います。

——成功して順調だったのに、なぜ「行き詰まり」を感じていたのでしょうか。

森島　優勝しようが結果が出ようが、とにかくしんどかった。心身共に疲れ果てていました。自分がこれまで教わってきたことは「気合いを入れろ。よっしゃ」というような精神論的なものが多かったんですね。中学、高校、大学と選手として優勝というものを経験していましたし、業界のたくさんの方々からも教えを請われ、教員として、野球指導者としても結果が出続けていても、結局は自分が習ってきたことだけ、自分が知りたいことのみを追求しているだけでしたから、それでは解決策も出口も見つかりません。今思えば狭い世界ですので行き詰まりは当然ですね。

狭い世界の中で自分に都合良く誤魔化して何とかやっているだけだということに身体も心もだんだん気づいていくわけです。もう限界だと。勝っていてもしんどいわけですから負けるともっとしんどかったです。本当にもうたまらんかったですね。

――ご自分の中の葛藤で苦しんでおられたと。宇城先生に学ばれるようになり、どのような変化がありましたか。

森島　先生は理屈ではなく、目の前で身体を通して「こうだ」という答えを示してくださいました。できなかったことを一瞬でできるようにしてくださったり、生徒へのアプローチの仕方とか、自分ができる簡単ですぐに役立つことを示してくださいました。

初めは学ばせていただいたことを野球の指導に活かしていただけでした。アプローチのやり方を変えて、「これでやってみよう」とやると、すぐに結果が出たものですから、調子に乗ってしまうのですね。ご指導いただいた後、半年後の県大会でまた優勝してしまいました。

ちょうど10年前の２０１３年に先生に教えていただいたやり方で今度は夏、３回目の甲子園に行くことになるのですが、それはやはり自分の中では精神論的な指導というか、学んだやり方を知識としてパクって子どもたちに伝えていただけのことで、その時は最高だと思っていましたが、今から思えば恥ずかしい限りです。子どもたちに罪はないです。いつの時代も選手たちは、勝っても負けても本当によくやりました。

近道早道的な、そういうテクニック的なことを求めていない、と自分では思っていても、そこからどうしても抜けきれない自分がいたのです。簡単に言えば、自分自身で辿るべきところを辿ってこないと駄目だということです。

先生に学ぶなかで、そういうことに気づき始めて、子どもたちの指導について、自分の教員としての立ち位置だとかを考え始めたり、みんなどう思っているのかな、みんな苦しくないのかな、大丈夫なのかなと、自分自身が駄目なのに、人のことが気になるようになっていったのです。

私自身、先生にご指導いただくなかで少しずつ「我」をそぎ落としていただいたり、育てていただき希望をいただき、以前とは比べられないほど生き生き元気になりましたので、先生に教えていただいたことをいろんな人に伝えていったらいいんだなと考え、自分なりに研修会を開いたりして、そういう活動で自分も元気になり同時に他の人にも喜んでもらえると考えたのです。ところが、これも行き詰まるのです。

――それはなぜでしょうか。

森島　〝自分〟というつまらないフィルターがかかっているので、結局自分の器で宇城先生を紹介しても、先生のいろいろなものが逆に伝わっていかないわけです。自分の欲や我、つまり「俺はすごいんだ」とか「俺は分かっているんだ」とか、あるいは「俺だったら伝えられるんだ」という意識以外の無意識な部分が出てしまって、逆効果というか、ジレンマに陥ってしまったのです。まさに自分はトラの威を借るキツネでした。

「先生を知っている」「先生に習っている」という調子も出てきてしまったので、さすがに自分でもこのままではまずいということに気づきまして、それで先生に「教師塾をやっていただけませんか」とお願いし、４年前に始めていただいたのです。

――すでに森島先生がやっておられた勉強会に来ていた方々が参加されたのですね。

森島　はい。そのメンバー全員が参加しました。「僕ではもうここまでなので、宇城先生ご本人にお願いして先生のもとで学びませんか」と言うと、皆さんも喜んでくださいました。それが今のメンバーです。その方々が周りの先生方へ呼びかけられた結果、学ぶ仲間が少しずつ増えていきました。

――参加された教師の皆さんは、宇城先生に直接学ばれるようになって、どんなふうに変わっていかれましたか。

森島　私からしたら、先生に会って指導を受ければ、理屈抜きで変わっていくのが早いだろうと思っていました。ところがやはり順序と段階がありまして、私が経験したことを、みなさんも同じように経験していかれるわけです。「ああ、昔の自分を見ているようだな」

と。「やっぱり他の先生方も、そこからいくんやな」という感じでした。
たとえば「頭で学んでいない」と言いながらそこから抜けきれなかったり、あるいは宇城先生の教えをパクっているだけなのに「俺は知ってるぞ」とか「分かっているぞ」となって、今度は生徒たちに対して「お前ら駄目だな」という上から目線に知らず知らずのうちになっていったり。そんな様子とか、逆に身体が謙虚になっていったりする先生方の姿勢を身近に拝見させてもらい、誤魔化さずに自分と向き合えば、少しずつでも段階を踏んで、自分と同じようにそれぞれの先生方も気づいていかれているのだなということにこちらが気づかせていただき、本当に勉強になりました。

――教師塾ではそういう順序・段階があってこそ、先生方が変化していくと。

森島　はい。私は公立高校の教員、公務員です。じっとしていても定期的に決まってお金が入ってきますし、周りから「先生、先生」と言われますし、年齢も重ねてクラブとかの実績などで知名度が上がっていくと自分が裸の王様のようになっていることに自分で気づけません。

しかしそんなところを自分で、「これはあかんな」と気づくと、今度は落ち込んでいくんですね。傷つきやすくて、そのことを自分で認めるのは嫌で、虚勢を張ったりして悪循環から抜けられないところがあるんです。

でも、それを「さらけ出していったらいいんだ」と、「共にやっていけばいいんだ」と身体で気づけると、ものすごく楽になり、時間が早くなるんです。そういうことを実際自分自身で体感しています。

周りの先生方を見ても何か上手くいかないとか、今日はこんなトラブルがあったとか、どう解決したらいいのか分からないという時に「悩んでいる暇があったら行動を起こそうよ」ということで、「じゃあ自分からやってみよう」とか「自分から声をかけよう」とか「自分から変えてみよう」と、実際に行動に移す先生方が増えてきましたね。

たとえば生徒に掃除をやれと言うより「自分がやればいい」とか、親御さんにどうのこうのと言うより「まず傾聴しよう」とか、生徒にあぁだこうだと言う前に「自分が変わろう」とか、「自分から始めよう」とか、明らかに皆が変わってきた。結局、その行動を起こした先に結果が出てきますから、どんどん前向きになっていくわけですね。そうすると次の段階に移った時に、調子に乗っている自分に気づくことができたりするわけです。

――そういう変化というのは、生徒さんが感じるでしょうから、また生徒さん自身が変わってくるということになっていくのでしょうか。

森島　そうですね。自分では分からないのですが、今の学校でも前の学校でも、生徒が、「先生はいつも笑っている」とか、「先生はいつも笑顔で返してくれる」とか「先生はいつも挨拶を先にしてくれる」とか言われたりします。私はそんな意識はないんですが、いつもそんなにへらへらしているのかなと思うんですけど（笑）。

たとえば、発達障がいがあるような子はよく寄ってきます。あるいはちょっと変わっていると言われる生徒が、気づいたら私の周りに仲間みたいな感じで集まっていたり、教室の前で私を待っていたり、気がついたら横にいたりとか。そしてそこでたわいもない話をしたりします。

すると不思議で今は、以前のようなトラブルとか喧嘩とかは一切なくなりました。さらに不思議なのは、卒業した生徒から「結婚しました」「子どもができました」という嬉しい知らせや報告が周りにいっぱい増えてきました。子宮筋腫で妊娠は不可能だと言われていたのに子どもができたりなど、そんな信じがたい便りももらいました。それはすべて宇城先生と出会ってからのことです。「なかなか子どもが授かりませんでしたがこの度生まれました」ということに限っても、ざっと数えただけでも両手以上はありますね。

――上手く歯車が回って、いい循環になって、それが次々につながっていくという。

森島　はい。びっくりするほどです。正直、初めの頃は、自分で意識していない無意識のところで、「俺が先生とつながっているからや」とか「俺が先生を紹介してやっているからや」と、そういうのが絶対出ていたと思います。でもそれが取れていくたびに、「ああ、そういうものが自分から出ていたんやな」ということが分かるんです。いろんな人がそういうことを経て、先生と一対一でつながって、気づいていくことをのぞむ。邪魔をしない。それを皆さんもやっていかれたらいいなと思うのです。

――そういうご自分が体験したことを、皆さんにも体験してほしいという思いの「教師塾立ち上げ」であったわけですね。

森島　はい。教員も忙しくて、朝起きて学校へ行って帰っての繰り返しです。教員の一日は概ね担当の校務分掌、クラス、部活動、教科の教材研究と生徒や保護者対応等に追われます。ですので世間とか世界のことをしっかり学べる場も時間もなかなか持てません。そこにその「学べる場」さえつくれば、指導してくださるのが宇城先生ですから、そこへ皆が学びに行けば大丈夫だという思い、もうそれだけでした。

「自分でやる」というのがある意味半分で、後は自分だけでは絶対にできない、無理だと認めていく。それが学ぶ姿勢なのかなとも思うわけです。どこまでいっても一人で生きているんじゃない。つながりの中で生かされ活かされているというのを、教師塾では身体を通して学べます。

――今後この教師塾をどのようにしていかれたいですか。

森島　めざすのは全国展開です。人数ではないですが、一人でもつながれば希望は大きいなと思っています。消さずにずっと残していければと。日本全国に野球つながりがあります。野球のお陰です。今や全国には先生の本とか、教えを支えにしておられる方はたくさんいらっしゃるんですね。

僕に答えを求められたら自分を出して自分の言葉で色付けして伝えるのではなく、たとえば、「季刊『道《どう》』にこんな記事が載っていましたよ」「宇城先生はこんなふうに言われていましたよ」とか、あるいは「それは続けたらどうですか」というように皆さんに寄り添うようにしていき、無理なく現実を見ながらやっていけたらと思っています。

第二章　宇城式潜在力開発メソッド

教師塾では、宇城道塾や空手実践塾と同様に、身体を通して自分の中にある潜在力に気づいていく実践が行なわれています。ここではとくに教師の気づきをうながす代表的な実践をいくつか紹介していきます。同時に、そういった実践から塾生がどのような気づきを得て、それがどのような変化につながっているかもご紹介します。

【1】型・所作で変わる

日本文化には正座やあぐら、礼法など様々な型がありますが、そういった型がいかに私たちの身体を強くし、また自分を取り巻く空間、雰囲気にどのような影響を与えていくか、自分の身体を通して学んでいきます。

きちんと挨拶をすると身体が強くなる

正しい礼の所作は、効率的で無駄がなく、身体に気を流します。まずは教師が正しい礼

礼

OK

左右のかかとをつけて、背筋を伸ばす。その姿勢から、胸からライトを照らすようにして礼をする。

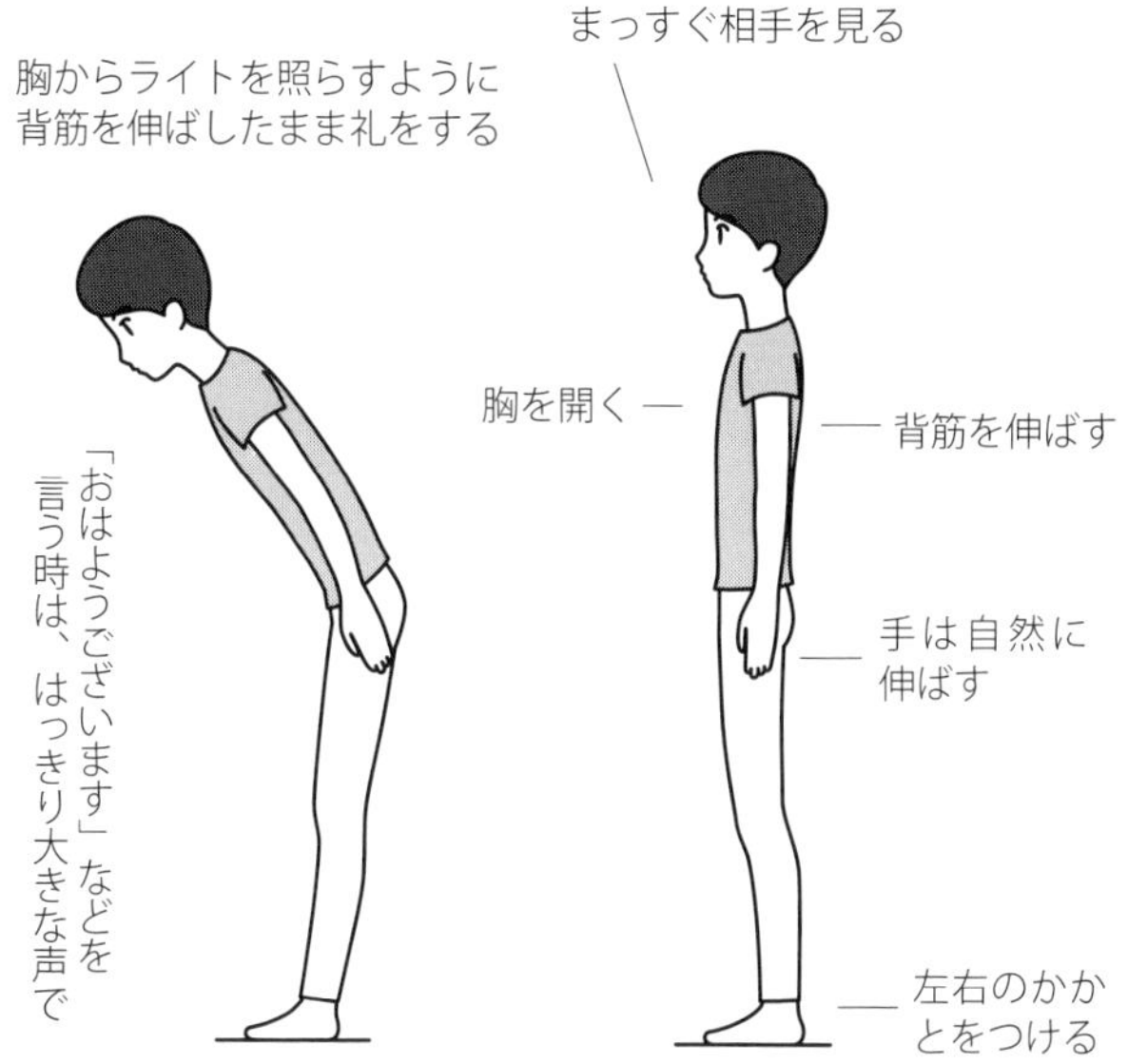
まっすぐ相手を見る
胸からライトを照らすように
背筋を伸ばしたまま礼をする
胸を開く
背筋を伸ばす
手は自然に
伸ばす
左右のかか
とをつける
「おはようございます」などを
言う時は、はっきり大きな声で

『心と体 つよい子に育てる躾』より

法を身につけることが必須です。その上で、子どもたちに正しい礼、挨拶をすることがいかに自分の身体を強くするかを体感させていきます。

〈検証〉

① 二人で向き合い、挨拶せずにあるいはいい加減な挨拶をします。
後ろから背中を押してもらうと ↓ 弱い

② 正しい姿勢で「おはようございます！」などの挨拶を元気よくします。
後ろから背中を押してもらいます ↓ 強い

① 何もしない・いいかげん

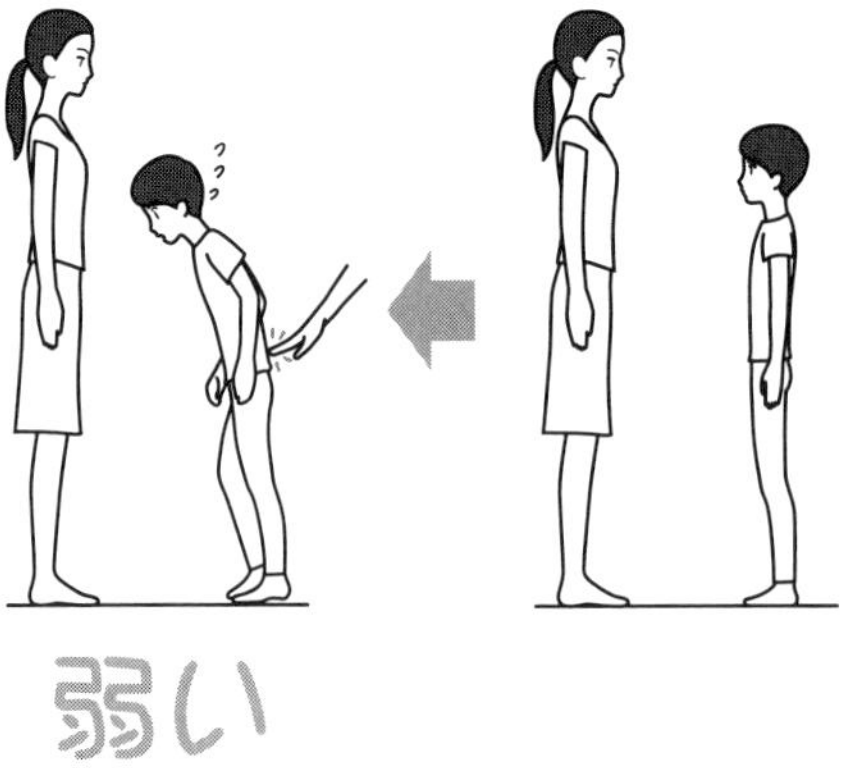

② きちんと礼・挨拶をする

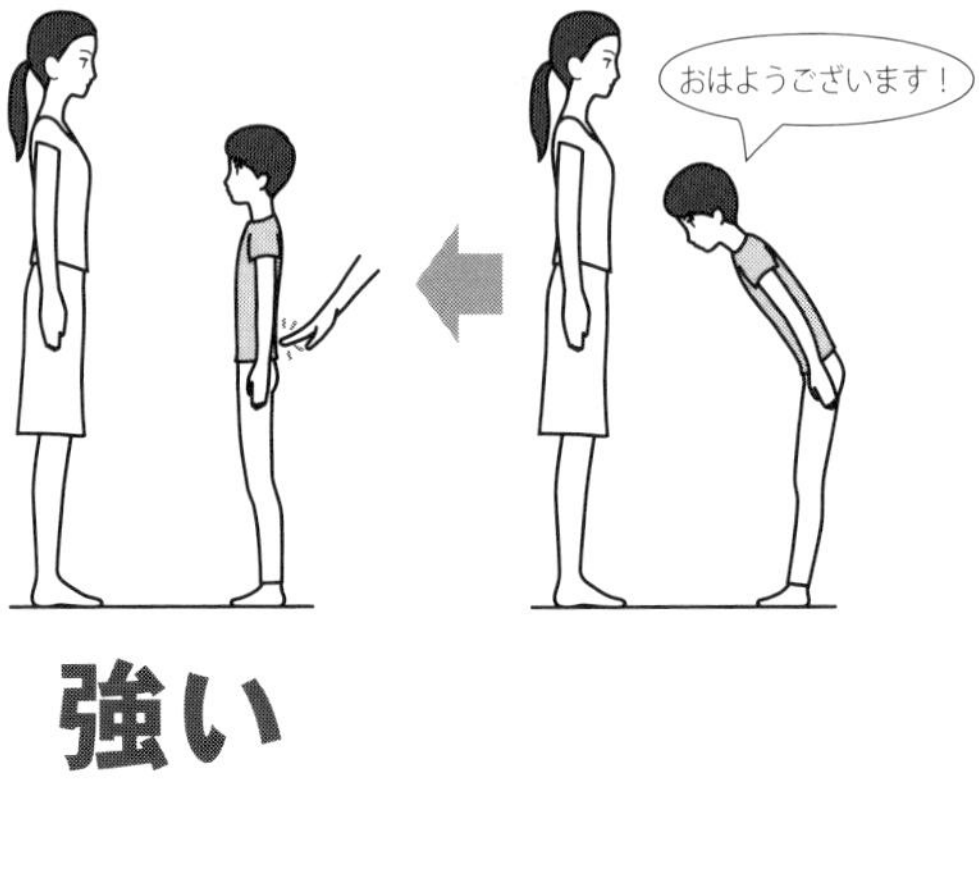

教師塾ではこのような礼法といった非常に基本的なところから学びます。挨拶と一口に言っても、それがきちんとできている教師は実はほとんどいません。きちんと礼をすることで、これだけの力が出ることを自分自身の身体で体験することで、自信をもって生徒たちに伝えていくことができます。

〈実践しての塾生の感想〉

●中学校・高等学校　京都　30代　女性

「挨拶をしなさい」と言う前に、私たち教員がどんな時も自分たちから挨拶をしてみせることが大切だと思いました。挨拶が返ってこなかろうが続けていき、生徒に浸透していけば良いと思いました。

●高等学校　奈良　20代　女性

実際にクラス開きで、子どもたちに姿勢を整えて挨拶をすると重さが変わるという実証をしてみました。子どもたちの反応が素晴らしく、こちらもエネルギーをもらえたようでした。やってみないと始まらないこと、生き抜くための姿勢を子どもたちに伝えたいです。

●中学校・高等学校　京都　30代　女性

宇城先生が「自分に礼をするのだ」とおっしゃった時に、ハッとなりました。生徒に教えてあげようではなく、気づかせる。自分が常に学ぶ姿勢を持ち、生徒と接する。そのための「謙虚、心の礼」であるなと思いました。今日から実践できることなので、その心を忘れず日々生徒と接していきます。

●高等学校　奈良　40代　男性

「礼」をして教室に入ると空気が丸くなり、「礼」をせずに教室に入ると空気が尖る感覚を覚えました。凄かったです。全然違いました。自分一人の所作でこんなに変わるのかと思いました。早速次の日から実践しています。「今の私たちの学ぶ姿勢に未来がある」と感じました。

【2】心・内面のあり方で変わる

人は自らの身を守るために無意識時間の先取りができるようになっています。それは身を守ろうとする力が人間にはもともと備わっているからで、その無意識こそ人間の力を発揮させると言います。たとえば誰かが襲ってきたとして、横に我が子がいたら瞬時に無意識に守るはずです。そういう力を特殊な状況で出る力と捉えずに、その感覚を徹底して身体に覚え込ますことの大切さを教師塾では学んでいきます。

寄り添うと強くなる

自分を守る、誰かを守る、誰かに寄り添うという心が、いかに身体を強くするかを身体で体感するのがスクラム崩しの検証です。がっちり組んだ数名の大人のスクラムはいかに力があってもなかなか倒すことができませんが、「寄り添う」気持ちがあると、簡単に倒すことができます。

〈検証〉

①がっちり組んだ大人のスクラムはいくら力で押しても倒すことができません。

②この時に、近くに誰かがお腹が痛いなどでうずくまっている（B）として、スクラムを押す人（A）が押す前にその具合の悪い人に近づき、「どうしたのですか」「大丈夫ですか」と両手をかけて寄り添います。

③そのままの気持ちでスクラムを押すと、今度は簡単に倒すことができます。

④逆に具合の悪い人（B）の前を素通りしてそのままスクラムを押します。

⑤今度は全く押すことができません。

人間には自分だけではなく

人を守り、寄り添うということで力が発揮できることがこの検証から分かります。逆に「自分さえ」と自分中心になると力が発揮できません。言葉だけではピンとこなくても実際に自分でやってみるとその通りになり、やった人はみな感動します。ただし、2回、3回と繰り返すとできなくなります。それは単なる「エクササイズ」になるからで、つまりそれは心ではなく、頭でやる行為になるからです。普段から心から行動することが

いかに大切かをこの検証は教えてくれています。

さらに、「大丈夫ですか」と寄り添われた具合の悪い人（B）がスクラムを押しても、簡単に倒すことができます。すなわち、寄り添った人だけでなく寄り添われた人にもエネルギーが与えられているということです。

〈実践しての塾生の感想〉

●中学校・高等学校　滋賀　女性

「弱者を救った時が人間は一番強くなる」という言葉に感銘を受けました。優しく寄り添うだけで強くなり、みんなで見守るだけで強くなることを、実践を通して証明してくださっている意味が今になってやっとつながりました。生徒との関わりのなかで今までのように、寄り添い見守る姿勢を崩さずに続けていこうと思いました。

●中学校・高等学校　京都　女性

困っている人がいたら助ける。そうすると助けたほうだけではなく、助けられた人も強くなる。思いやり、助け合いの連鎖をつないでいくためには「自分だけは」という思いを捨て、大きな愛で相手と寄り添うことが必要です。教師はすぐに「自分がなんとかしてあげなければ」と自分を押し付けてしまいますが、子どもたちの身体は正解を知っています。子どもたちの可能性を引き出すためには自我を捨て、相手と寄り添うことを意識しなければ子どもたちの未来の希望を奪ってしまう可能性があるということを忘れてはいけないと先生は教えて下さいました。

●大学　大阪　60代　男性

対立ではなく、目先の結果でもなく、調和すること、相手を思いやる、寄り添うとは、エネルギーを生み出し、人を守り、救う、まさにお互いにということを実証していただいた。宇城先生のご指導は、「どちらか…」ではなく「どちらも…」「すべてが…」、空気までもというところに科学では証明できない真の気の深さがあると感じます。そして「日常が実践」「実践が日常」である。今回も身近にある足元（中心）を見つめ直す機会をいただきました。ただ思うで終わるのではなく、自身が変容するために日々精進、前進して参ります。

●高等学校　三重　30代　男性

愛すべきもの、守るものがあるかどうか。争いや戦いではなく、「守る力」。大切な家族や大切な人が危険な目にさらされていたら恐れは関係ありません。必死で守ろうとします。それが「守る」ということ。守るものを持っている人は本当に強い。子どもを守ろうとする親、親を守ろうとする子ども。実は自分たちが子どもに守られていた。宇城先生の寄り添う力の実証からかけがえのないたくさんの気づきをいただきました。

●高等学校　石川　50代　男性

頭で考えるよりも実践することが大切なこと、人に寄り添う気持ちを持ったり丁寧な礼をしたりすることで気が通り、言葉では説明できない力を発揮することができることを学びました。「対立ではなく調和」そして「謙虚で人間として正しい行ないを実践すること」の大切さについて、あらためて気づくことができたと思っております。

【3】本来の力を知る（宇城塾長の気による検証）

教師塾では、検証という形で様々な本質を知ることを重要視していますが、そのために大事なことが「問いかけ」です。それはできるか、できないかの問いかけであり、それは現在の常識では到底不可能と思われるような事に対しての問いかけです。自分ではできないと決めつけていたことが瞬時にできる体験をすることで、自らの潜在力に気づき目覚めるというものです。できる自分とできない自分、どちらが本来の自分なのか。その問いかけから見えてくるものがあります。

できる人のエネルギーをうつす

たとえば四つん這いになった人が、その両手、両足背中をすべて押さえ込まれた状態になったとします。どんな屈強な人でも、それだけ押さえられては動くことはできません。そこに宇城塾長が四つん這いの人に気を送ることによって、その人は瞬時に本来の力を発揮する、すなわち動くことができるようになります。できないと思っていた自分が、できる。この現実の体験から、自分が本来持つ力を全く出せていないことに気づかされます。検証はこれだけではなく、そのできた自分が今度、同じ状態でできなくなっている人の前に立つと、相手にエネルギーを与えることができるという体験をしていきます。

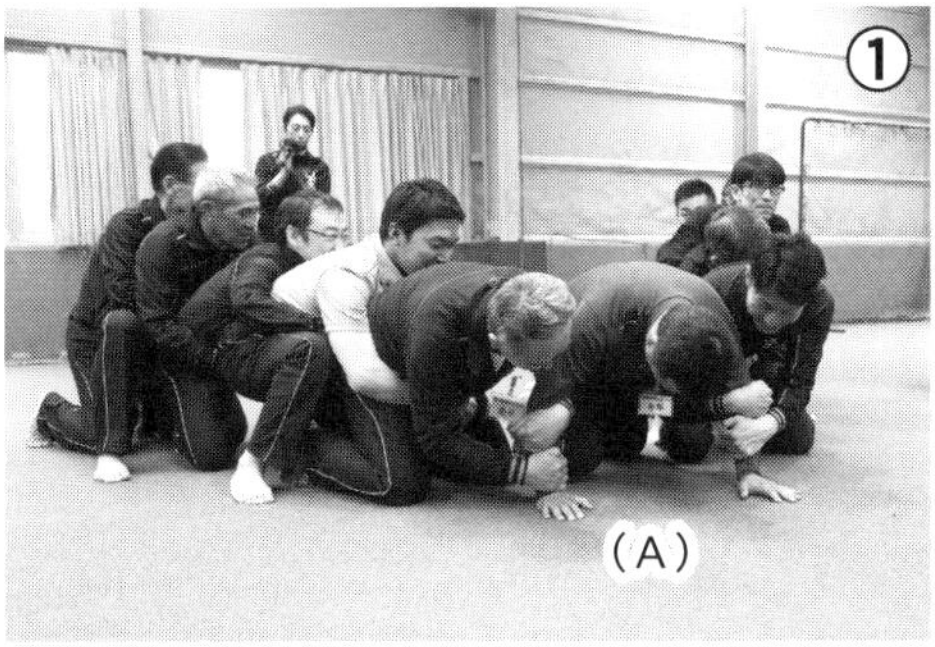

〈検証〉

①四つん這いになった人（A）の両手を大勢で動かないように押さえる。これだけで全く動くことができない。

②宇城塾長に気を通してもらうと瞬時に前に進むことができるようになる。

③別の人（B）が四つん這いになり両手を押さえられる。全く動くことができないが……

④先ほどできた人（A）が、できない人（B）の前に立つと、エネルギーが伝わり、同じく前に進むことができるようになる。

できないと思っていたことが瞬時にできるようになることや、できるようになった人間が前に立つとエネルギーを伝えることができる体験を通し、塾生たちは、「自分にはこんな力がある」と信じることができるようになり、また「自分一人が動いても何も変わらない」という考えから「自分でも何かできるのではないか」という考えに変わっていきます。まさに自分が変われば周りが変わる「一人革命」の体験です。

〈実践しての塾生の感想〉

●高等学校　奈良　40代　男性

四つん這いの状態で手を掴まれ、複数人を束ねて前進する実証で、できた人が前に立つとできる。なんでも自分が先にやって姿で見せる。「こういう教師になるんだ」と身体から湧いてくるものがあり一段と身体が熱くなりました。勝手な解釈かもしれませんが、気が通った状態で思いを生徒に伝えるとより伝わるのかと、普段は生徒の心に響かすことができていないのだと、教師として課題と現実を知ることができました。

●中学校　京都　40代　男性

本来、人間が持つべき力を引き出すためには自分が変わる以外の方法はありません。宇城先生に気を通してもらった人が前に立つと、四つん這いになって大人数に両手両足を押さえられても前に進むことができました。できた人が前に立つと、次の人も、また次の人も前に進むことができました。前に立つリーダーにエネルギーがあるかどうかで、その集団のエネルギー量が大きく変わる。まさにその実践を目の当たりにし、結局は誰かのせいではなく自分次第なのだということがよく分かりました。

【4】宇城式呼吸法

教師塾では宇城式呼吸法を学びます。教師塾で言う「呼吸」とは、一般的な「口や鼻で吸って吐いて」の呼吸ではなく、身体で行なう呼吸のことを指します。これは従来の複式、胸式、丹田などの身体の各部を意識して、あるいはイメージすることを主とした呼吸法とは全く異なります。生まれながらの潜在力を発揮するには身体に気が通り、身体が一つになっていなければなりません。この呼吸法は本来の自然体の身体を取り戻すために行ないます。この呼吸法については『身体に気を流す宇城式呼吸法』に詳しく書いていますので、そちらを参照してください。

〈検証〉

①二人一組になり一人が相手を後ろから持ち上げます。簡単に持ち上がってしまいます。

②一連の宇城式呼吸法を行ないます。

③①と同じように後ろから持ち上げます。今度は持ち上がらないほど重くなっています。

呼吸法の前に、身体が簡単に持ち上がる状態が、身体に気が流れていない「呼吸が止まった」状態です。呼吸法のあとの重い身体が、身体に気が流れている「呼吸が止まっていない」状態です。この違いを体感することは大切です。

簡単に持ち上げられてしまう身体は部分体となっている証であり、周りに対して無防備な状態であり、かつ潜在力も発揮できません。

常に身体を全体、統一体にするためにこの呼吸法で身体を整えておくことが大切です。

〈実践しての塾生の感想〉

●中学校　奈良　50代　男性

実践講習会で最初に宇城式呼吸法をご指導いただきました。ペットボトルを例にとても分かりやすく呼気は口をパッと開き身体の中心から下への落とすようにと、そして吸気は手の動作に任せて鼻で助けるように軽く吸うようにと。実際にやってみるととても身体が温かくなり、何かしらのエネルギーや心身の充実感を感じました。

実際ペアでの体験時に腹と背中を押さえながら行なった際に体幹に空気が詰まったような感触で正に身体に気が満ちているように感じました。呼吸により身体のみならず心が充実した感覚。「肚がすわる」とはこういうことかと思いました。

●高等学校　奈良　20代　女性

呼吸法を行なうことで、身体の内圧を高め、渦巻くようなエネルギーを生み出し、周囲を惹きつけながら、自身の回転（成長）を止めず、常に宇城先生（太陽）を見て（護られて）、生きていくという希望に行き着きます。

●高等学校　奈良　50代　男性

感謝の型、身体に気を流す宇城式呼吸法をご教授いただきました。呼吸法を実践すると身体が柔らかく重くなり地球に引きつけられます。自然体になり自分らしさが溢れる感覚がありました。また、足の裏がピタッと床にくっつきました。人・モノ・時空、そして地球との一体感を呼吸によって身体で感じられる、このことに感謝です。生かされていることが身体で感じられました。万物とのつながりと一体感を呼吸法で感じられる、そのような身体をいただいたことに心から感謝……。とんでもない呼吸法です。

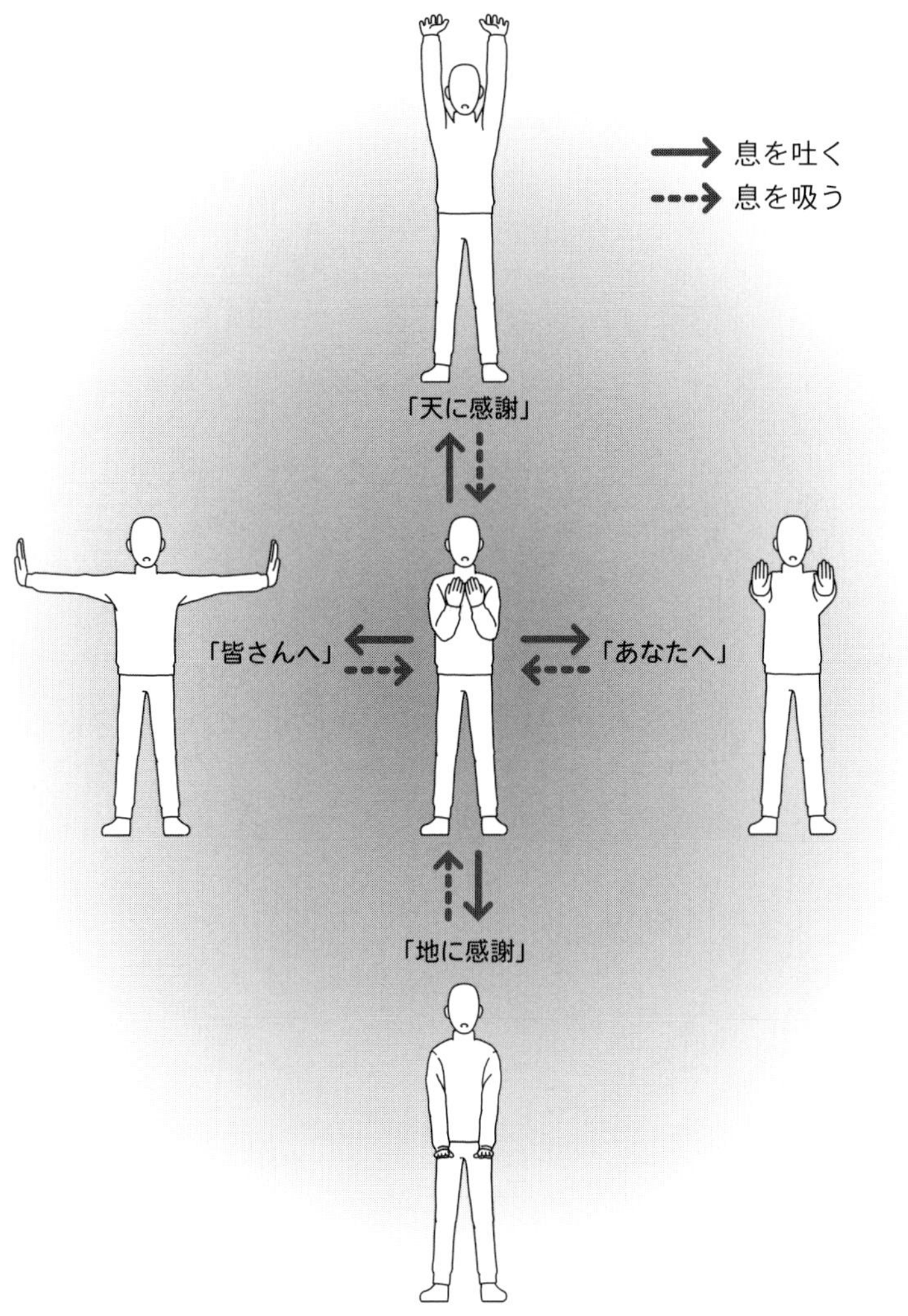

図2．感謝の型

『身体に気を流す 宇城式呼吸法』より

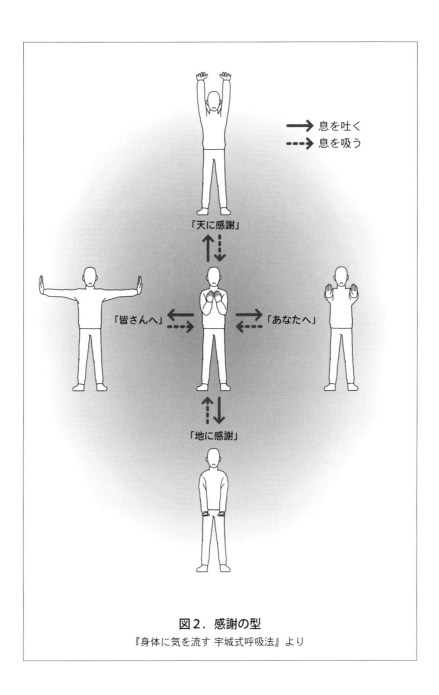

第三章　気づき（教師塾感想文より）

第二章でその一端を紹介した実践と、宇城塾長の生き様を通したものの見方・生き方の講義を通し、教師塾の先生方は徐々にいろいろなことに気づいていきます。それは、自分自身と向き合うことであったり、今まで当たり前、常識であると思っていた思い込みからの解放であったり、人を受け入れることの大切さへの気づきであったりなど……そういった「気づき」を得た先生方の感想文を以下に紹介します。

【1】新任教員に見る変化

若い先生方は子どもたちと同じく大いなる、教育界・日本の宝、そして希望です。以下は宇城塾長にご指導いただき歩んできたある新任教諭の４年間の変遷です。彼は高校生の時にすでに宇城塾長に出会い、講習会に参加して直接指導を受けていました。年を追うごとに彼が様々なことに気づき、学びを深めている様子がこの感想文から感じられることと思います。

●高等学校　奈良　20代　男性

○授業でも、生徒とともに作り上げる雰囲気がある時は、生徒の顔つきが違います。しかしそれは、狙ってそのような授業ができているわけではありません。どうすればそのような授業ができるのか、今後の課題に気づかせていただきました。また、懇親会では宇城先生のお話を教師塾とは違った雰囲気で聞かせていただきました。その中で、いつの間にか自分の謙虚さが足りなくなっていることに気づかせていただきました。教員として採用され、それに満足していたのかもしれません。自分が成長して、それを生徒に還元すること、その気持ちが薄れていました。それも、宇城先生の話の中で気づかせていただき、この気づきを、今度は生徒に与えられないかと考えています。

○教師塾後の実践講演会で、子どもたちがだんだん前のめりで話を聞いていく姿を目にしました。子どもたちが、宇城先生の教えを聞くだけでなく、体感した途端、目の色が変わり、話を聞く姿勢も変わっていきました。私は、子どもの主体性が大事だと分かってはいながらも、それを引き出すことは全くできていません。しかし宇城先生は、いとも簡単に引き出しており、分かることとできることの決定的な差を感じました。分かる、できる、身につく、うつす。より上の次元がある中で、ただ分かるだけで偉そうにしていた私は、「先に生まれただけの先生」であり、「師と仰ぐような先生」ではありません。謙虚に勉強し続けなければなりません。学ぶことに、生徒も先生も関係ありません。先生こそが学び続け、その姿を生徒にうつしていくことが教育なのではないかと思いました。

○ 宇城先生がよく言われるように、「自転車に乗る方法」は自分でも分からないし、説明もできません。しかし、乗れないわけではありません。乗れるまで乗る練習をするしかないのだと思います。同じように到底頭では理解できないことは身体で理解し、身体に身につくまでやるしかないのかなと思います。今まで付けてきた癖は、なかなか取れるものではありませんが、少しずつ自分を磨き、本来の自分に戻していきます。今の自分では到底追いつけないレベルの指導をいただけるのは、とても幸せなことです。

○教師になって生徒と関わっていると、いつのまにか偉くなったと勘違いしている自分がいます。生徒が問題を解けなかったら、「生徒にやる気が無いからだ」「中学校でちゃんと勉強していないからだ」と捉え、自分の実力不足を誤魔化そうとしています。生徒が問題を解けると、「教え方がよかった」と捉え、生徒のことを本当には見ていません。この教師塾では、いつも勘違いした自分の存在に気づかされ、進むべき道を示していただいています。自分のことばかり考えていました。気づいたのも束の間、また謙虚さを忘れてしまう。この繰り返しから早く脱却しなければなりません。

○「行動は、その先の行動につながっている」。間違った行動も正しい行動も、良くも悪くもすべてその先へつながっている。その行動は周りにもうつり、当然生徒にもうつります。間違った行動を続ければ……。しかし、正しい行動をすればそれも生徒にうつり、また生徒から返ってくる。子どもたちは正直です。私が授業で少し誤魔化そうとしても、すぐに違和感を感じ取り、反応として返ってきます。心なしの行動をすれば、すぐに子どもたちにはバレます。生徒が気づかせてくれました。生徒には「嘘をつくな」と言いますが、私のほうがよっぽど嘘をついています。生徒にも自分にも嘘はつけません。その場はしのげても、嘘も先につながっていて、生徒にうつってしまいます。

○ペアになって、あぐらをかいて相手を投げる、肩を押さえられているなか、正座して立ち上がる取り組みをしましたが、それらが終わってからずっと、お腹のあたりに熱いものが溜まっている感じがしていました。熱くなっているものの、不快なものではなく、力が溢れてくる感じです。このまま教室に行き、生徒にこの力を直接伝えられなかったのが残念です。初めての感覚だったのですが、これが宇城先生の気によるものなのかと思いました。

今感想文を書いている時も、その感覚が少し残っています。つくづく、私は恵まれていると感じています。社会に出て学校現場で働き、経験の中で学ぶことはできますが、直接誰かに指導していただく機会はほとんどありません。教師塾に参加させていただいて、宇城先生に大きなエネルギーをいただけたことをありがたく思います。

○「希望を持てるような学校にしなければならない」この言葉がとても印象に残って

います。学校に通っている生徒たちが不安を持たず、未来に希望を持って過ごせる場所にすべきだと、気づかされました。しかし私は、生徒のやる気をどのように引き出すかではなく、生徒の不安を煽るようなことばかり話していました。今回どのようにして生徒のやる気を引き出すか、宇城先生からヒントをいただきました。それは、実践の最後にあった生徒の肩に「手をかけて」声をかけることです。それだけで声をかけた方は重くなり、持ち上げられません。つまり相手と調和したということです。そのため同じように手をかけて声をかけられた方も強くなるのではないでしょうか。教師が生徒の肩に手をかけて「最近がんばっているな」と声をかける、そんな小さな事でも大きな力を引き出すことができるのではないかと思っています。

あれから実際に生徒に手をかけて声をかけてみました。小テストをいつも白紙で答えていた生徒でしたが、何かしらの答えを書いていました。「これだ」と実感できました。

【2】教育委員会・管理職の変化

教師塾には新人からベテラン、管理職まで様々な教職にかかわる方が参加されています。宇城塾長の指導は、新任教員だけでなく、教育委員会や管理職の方々にも変化をうながしています。

●県教育委員会　岐阜　40代　男性

宇城先生は「記憶には残らなくても、身体に残る」とおっしゃいます。このことがすごく大切だと思うのです。私たちは身体を通して学ばせていただいている。呼吸も、立ち方も、より本質的なものとして感じることができる。だからこそ、そこに幻想ではない、確かな希望が生まれる。術技を通して自分の身体に変化を起こし、それを深めていく。これこそが「学び」そのものなのだと思います。

●教頭　高等学校　兵庫　40代　男性

教育委員会から毎日届くたくさんのメールをさばく立場になりました。生徒と触れ合う時間を奪う仕事を教員にまわさなければならず、教員の邪魔をしているように感じることもしばしばです。今の公教育を、組織を変えないままで何ができるのか。「断片を全体で包み込む」という言葉を聞いて、「これだ」と思いました。自分のような立場の者こそ、一番活かさないといけないと思います。

懇親会で、「勝ってから勝負しないと」、という話があり、大いに反省しました。「打って勝つは下の勝ちなり、勝って打つは中の勝ちなり、戦わずして勝つは上の勝ちなり」何度も先生から伺った言葉ですが、現実の世界に活かすことが考えられず、一か八かのような交渉事をしていました。先生のお言葉を活かすにも勉強が必要であること改めて感じました。

●校長　中学校　奈良　50代　男性　①

宇城先生は「教室の中には発達障がいで落ち着きがない子、いろんな子がいるのは当たり前、社会に出ればやりにくいこともあって当たり前、排除するのではなく、いいところを認めてそこを伸ばしてやる。そうして共に育っていくことが大事である」とおっしゃいました。

また「一つの細胞には体全体を作るだけのものが含まれている」とも。人間も含めた生物はすべてたった一つの細胞からできてくる。部分ではなくすべての可能性を持った全体がそこにあるということだと思いました。先生の気のエネルギーは、その可能性を引き出してくれます。人間社会の小さな価値観ではなく、自然や宇宙とつながる手立てを指導いただいているのだと気づかせていただきました。

●校長　中学校　奈良　50代　男性　②

ご指導の中で、先生は大人は変わらない、しかし子どもは変わる、そして潜在的な能力が間違いなくある、それを宇城先生は実際に体験で示してくださっている。未来に向けての希望は子どもたちで三代かけて教育していくことが大事である。だから、今の子どもたちに向けての教育を変えていかなければいけない。私自身、子どもたちの可能性を引き出す教育を実践する使命を強く感じました。

宇城先生から気という強大なエネルギーをいただいて高い所からの空間の広がりを

経験させていただきました。日々の生き方、思考、所作、行動での実践を積み重ね、自分自身の力を高めていくことが大事であると感じました。

対立や衝突という小さい時空間の力ではなく、寄り添い調和することにより気という無限のエネルギーの空間を作り出すことができる、先生のご指導から自分自身のあり方、生き方、これからの教育の指針を示していただき、実践目標が明確になりました。

私の教育目標は、子どもたちが未来に夢や希望を持って生きていける力の育成です。学校経営としても未来を担う子どもたちの潜在的な力、可能性を信じ、それを引き出す方向で物事を捉え、従来の固定観念や経験からくる狭い時空間的な思考を払拭し、どんな子も未来へ向かって希望という道を拓くことができると信じて教育をしていきたいと考えております。

まずは自分自身少しでもより高いエネルギーを発散できるように日々調和を実践し、学校全体にその空気、雰囲気を作り出していけるように取り組んでいきたいと思っております。

【3】教師塾に初めて参加した教員の感想

教師塾は1月より12月まで、年4回の開催ですが、新しい人が途中入塾したり、体験で単発で参加することもあります。以下は、初参加した教員の感想です。初めて宇城塾長に接し、これまでにない学びを体験した驚き、感動が伝わってきます。

●高等学校　奈良　20代　男性

今回、初めて参加させていただきました。終始、驚きの連続で勉強になることばかりでした。講座が進むにつれて、自分の中で「もっと知りたい」という欲求が強くなっていました。現在、日本では困難な状況が続いていますが、目に見えるものだけでなく、目に見えないものを信じることも必要なのではないかと、まさに体感することができ、充実した時間でした。宇城先生はお話の中で、子どもとの接し方に触れられており、大変勉強になりましたし、また、「スローガンはできていないことを掲げている」

というのは、まさに目から鱗でした。

●高等学校　兵庫　40代　男性

初めて教師塾に参加させていただきました。今回一番感じたことは、自分自身に実力が無いと何もできないということです。一度できた人が見守るだけでできるようになるという実践がありましたが、今の自分では生徒を見守ることさえできていません。不安があると本来の力が発揮できないという実践もありましたが、生徒たちが不安ではなく自信を持って取り組むことができないのは自分の実力不足です。

家庭が悪い、学校を理解しない地域が悪い、いろいろなところに原因を持っていっては愚痴をこぼしていた自分が本当に恥ずかしくなりました。他人を変えるのではなく、自分が変わる。行動に表われなければ意味がない。このことを、身をもって学ばせていただきました。

●中学校　奈良　30代　男性

今回初めて教師塾に参加させていただきました。宇城先生がご到着されてからの時間は今まで体験したどの時間よりも短く濃密なものに感じました。宇城先生のお話の中に「教育」とは①「教え育てる」②「教え育《はぐく》む」という内容がありました。これまで教員として10年務めさせていただきましたが、過去の自分は自分の経験した物事や自分の頭で考えた価値観がすべてであるかのように一方的に生徒に押し付けていたように感じます。今振り返ると本当に情けなく、恥ずかしい限りです。

学校現場にいると多くのことを生徒たちが教えてくれます。A・B２人の教師が同じ内容を話しても生徒の心への入り方が全く違うという事実。宇城先生のお話を聞かせていただき、当然だなと感じました。

生徒たちは耳で聞いているのではなく、その人の心（心からくるエネルギー）を感じ取っている。であるならば、生徒との信頼関係が大前提である教師として生きていく以上、教師である自分自身が勉強し続け、心を磨き続けなければならない。そうしていきたいと強く感じさせていただきました。

●中学校　奈良　30代　男性

初めて宇城先生の教師塾に参加させていただいて、「次元が違うな」と感じました。

初めにロシアとウクライナの戦争の話の中で「教育は何の役にも立っていない」という宇城先生の言葉に「確かにそうだな。教育って何なのだろう。自分は何のために教師をやっているのだろう」と考えさせられましたし、やっぱり知能を育むのではなく、心を育むことが何よりも大切だと感じました。

そのために私たち教員は何ができるのか、教育の「仕組み」が悪い中でもあきらめず目の前の子どもたちのために心から関わり、伝えていく必要があると思いました。

言葉では伝わらない、心から出る電波、エネルギー、気が相手に届くことで初めて伝わるのだとよく分かりました。これまでどれだけ言葉をかけても、伝わらなかったのはエネルギーが籠っていなかったからなのだと痛感しました。

●中学校・高等学校　京都　30代　男性

この度、ご縁があり、初めて宇城先生のお話を聞かせていただきました。会場に入った時から緊張感が漂っており、厳粛な雰囲気で聞かせていただくお話はどれもその通りだと腑に落ちるものばかりでした。とくに、教える立場である教師は生徒の何倍も学び続けるべき存在であるというお話はまさにその通りだと感銘を受けました。

我々教員はどうしても日々の忙しさを言い訳に、自分の教科に関して情報をアップデートすることが少なく、今までと同じ知識で生徒たちに教えてしまいがちです。しかしそれでは、生徒たちが考え主体的に学び続けるような環境を生み出せないと思います。日々謙虚な気持ちで精進し、自分も学び続けるからこそ、学習者としての苦労を再発見し、生徒に寄り添うことができ、良い授業を作り上げていけるのだと改めて感じました。

また気に関する体験ですが、百聞は一見にしかずとはこのことでした。理論的に考えるのではなく、見て体験したことをありのまま感じることができました。自分は無知で知らないことが多いなと感じました。次は自分がもっと体験をし、もっと感じていきたいと感じました。

【5】ベテラン教員の変化

教師塾が始まって5年。森島氏と共に悩み行動しながら学んできた先生方の感想を紹介します。

●中学校　京都　40代　男性

学び続ける人材の育成。

この言葉は、文科省も同じことを言っていますが、どうやってその仕組みやその気持ち、そこに向かわせるエネルギーをもたらすか。知識を学びそしてそれを深める、広げる。言葉で言うのは簡単ですが、その答えや方法、実証はどこにもありません。そして、スポーツ化して対立、消費、比較、奪い合い。全く答えが分からないまま教育界は進んでいます。

しかし、今日の宇城先生の講義を聞いて改めてその学びは宇城先生の考え、宇城先生のもとにしかないと確信しました。まず、やってみせる。そのために教師は勉強する。その勉強とは、やらされる勉強ではなく、なぜ？　でもなく、「どうすれば」が先にある勉強です。なぜ？　なぜ？　では止まります。しかし、それは「できる事実」と「体験」なしには始まりません。

今日冒頭に見せていただいた、特別支援学校の映像。先生の技を自分に真っすぐうつすあの支援学校の男の子の『これ、僕できる』、その言葉に我々の頭や自分中心の考え方とは違うものを感じました。本当の意味の空気が分かるんだと感じました。

逆に自分の「理解しよう、学ぼう、感じ取ろう」としていることは間違っているものだと思い知らされました。知っているもの、想像できるもの、見えるものしか見ない。信じない。信じられない。自分たちの病気が「できる」を「できない」にしている。健常者こそ病気という先生の言葉がすごく腑に落ちました。子どもたち、障がい者の中にはそれはありません。その病気を我々教師大人は子どもにうつしてはいけない。そのためにはいつも先生が仰る謙虚な人間でなくてはいけません。学び続けるしかありません。その見えないループ、見えない行動こそが、我々教師大人には大切なんだと感じました。

先生が今日検証してくださった自分の中心を作ること、調和し空気に溶け込むこと。自己中心的な考え、行動を日常の中で変えて行くことが、自分の進歩成長そして変化だと思います。子どもたちを守れるか、守れないか、それは我々の姿勢一つだと思います。今日いただいた感動と学びを日々の教育活動で実践してこそ宇城教師塾の塾生だと私は思います。

●高等学校　岐阜　40代　男性

冒頭の動画にあった特別支援学校の生徒さんの様子から、彼らの持つエネルギーや感性に対する驚きとともに、その生徒さんが放つ笑顔や喜びが手に取るように感じられ、涙が出そうでした。先人が積み重ねてきた「教育」という営みは本来こういうものだったのだと感じました。

そしてまさに今、そこに携わることのできる自分への誇りや責任感をいっそう強くしました。真剣さに欠ける自分や、言い訳に逃げそうになる自分を叱咤することができました。

教育や日本全体を取り巻く厳しい状況というのは、目を背けることなく向き合わなければいけないと感じます。また、向き合うために日々勉強を続けなければなりません。不安は自分への危害を、怯えは他者への危害を誘発するという先生のお話は、毎日のように現実となりニュースで報道されます。

つい今しがたも、ある県の中学生が校内でナイフを持ち出し、下級生を脅したというニュースが入ってきました。私の勤める学校でも、いつ起こってもおかしくないと思っています。そんな空気の中で生きている子どもたちを、守り育んでいくために何ができるのか、どんな自分であらねばならぬのか、大河の中のコップ一杯の水に私自身がなれるのか、いや、ならなければ……。そんな身の引き締まる思いです。

しかし思いだけでは何も変わりません。また、経験だけでも変わりません。もちろん思考だけでも変わりません。それを実現するための「術」。そして「身体」。目に見えないものを信じ、そして感じられる術や身体を練り上げていかなければ宇城先生に学ぶ意義は無きに等しいものとなってしまいます。そのヒント、「答え」はすべて「型」の中にある……。

そう考えると、改めて果てしなく遠い道に思えます。それでも一歩ずつ進んで参りたいと思います。情けない話ですが、道塾や教師塾がなければ、自分では進んでいるのか、止まっているのか、後退しているのかすら分かりません。宇城先生という「師」の偉大さを感じます。私自身の一生では間に合わないかもしれませんが、子どもたちやその子どもたちの世代に向けて種を蒔けるように……。

今回の教師塾では、ふと気づいたことがあります。それはこの教師塾に集まる「仲間」がこんなに沢山いるということです。何回も同じ方々と学んでいるのに、こんな当たり前のことを今さら気づく私自身に呆れます。元来人見知りで、なかなか人に心を開けないという私自身の傾向を自覚はしていましたが、今回はなぜか、体育館の中でみなさんとともに宇城先生を囲んでいる、その事実だけで安心感と心強さがありました。これからも、仲間とともに学び、変化し続けていきたいと思います。

●中学校　奈良　40代　男性

「信頼」という言葉を聞いて、私は少しドキッとさせられました。やはり「信頼」を無くして、人間関係は築けません。私たちの仕事は人との関係を築くことが一番大切なのです。生徒はもちろん、教員との関係もしっかりとした信頼に基づいていかないといけません。自分にできているのか、自分の「間」がちゃんとできていれば、信頼をもってできていることに心配や不安を感じることはないので、まだまだ実力がないんだなと思います。私はまだまだ部分的に物事を見てしまうことが多く、全体で見ることができていないように感じます。先生がおっしゃっていた高い位置から見ることは、本当に大事だなと思いました。全体が見えないと見えるものも見えなくなってしまいますし、「信頼」もなくなります。自分も無くなってしまうんだろうなと思いました。

幼い頃からの教育、愛情が本当に大事だなと痛感しています。私は中学生と一緒に過ごしているので、その中で「信頼」「愛情」「自分の中心」をもってそれらを伝えていくことができればと思いますが、まだまだ自分には実力がありません。自分にもっとエネルギーがあれば、助けることができる子どもも増えるのではないかと感じます。そのためには、二進法で行動することが本当に大切だなと思いました。

私の学校では、違法行為、深夜徘徊、授業に入れない生徒、不登校、ネグレクトなど問題がたくさんあります。今までのように一つひとつに取り組んでいくことももちろん大事ですが、量子力学のような大きなエネルギーが広がれば、問題は解決していくんだろうなと、特別支援学校の生徒さんに指導をされている宇城先生の姿を見て感じました。

温かさの中に厳しさを感じ、安心感も感じながらやってみる。できた感覚はエネルギーをもらった感覚なんだと思います。私自身も先生に御指導いただいた時に感じるものです。エネルギーを与えることができる指導ができれば、本当に良くなっていくんだろうと思います。私にはまだまだですが、少しでも周りの人を助けていけるように、また自分の中心を常に探しながら、頑張りたいと思っています。二進法で行動ができるように頑張ります。

第四章　実践録（教師塾感想文より）

教師塾で学ぶ先生方が、自分に何が足りないか、何をすべきかに気づくだけでなく、学校現場という実践の場で、実際に行動するなかで、そこでどのような変化、気づき、成果、または課題があったかを綴っている実践録を以下に紹介します。

【1】小学校にて

●小学校　京都　20代　男性

（1）子どもとの関わりの変化

「上からの目線で」ではなく、子どもに対して、フラットな目線・立場で関われるように努めています。また、できるだけ「待つ」ことを心がけています。その子なりの思い・行動を尊重し、そこから導いていくことが大切であると考えます。

また、一人ひとりが自分の力を信じて、取り組んでいけるように、常に励ますことに気をつけています。どの児童にも、素晴らしい可能性・力があることを念頭に、毎日関わるようにしています。

昨年度、今年度と運動会の民踊を担当しました。常に励まし続けたことで、素晴らしい運動会となりました。その経験から、児童の中で、自信を持ち、前向きに一生懸命に取り組む子が増えてきたと感じています。

また、学習発表会では、大きな失敗をした児童に、「頑張ったからいいやん！」と励ます児童もいました。失敗しても、自分たちの持つ力を信じ、取り組み続けてきた結果ではないかと思います。

今年度のクラスでは、万引きや友達の消しゴムなどを盗む児童Aさん、昨年度の担任と関係が悪くなった児童Bさんを担任することになりました。２人とも、療育手帳を持っており、発達に課題を抱える児童です。いわゆる発達障がいと呼ばれる子どもたちが、希望を持って生きていくためには、担任の関わりが最も大切であると考えます。自分が生き生きと笑顔でその子どもたちと関わることで、安心感が生まれるのではないかと考えています。

４月から毎朝、「Aさん、おはよう」「Bさん、さようなら」と、名前を呼び、挨拶をするようにしています。これも自然体で。Aさんは、今年度の問題行動はなく、毎日を笑顔で過ごす日々が増えてきました。Bさんは、今まで授業に参加していませんでしたが、自分から学習する姿が当たり前のようになってきています。自分にできることを考え、子どもたちの力を引き出す努力を今後も見つけていきたいと思っています。

(2) 保護者との関わりや授業創りの変化

できるだけ、学校の様子を伝えていく手立てとして、一筆箋に取り組んでいます。児童のできたこと・頑張っていたこと・様子を一筆箋に書くことで、保護者ともつながり続けていきたいと思っています。この取り組みは、今年から始めたもので、学期末の懇談会では、多くの保護者から好評をいただいています。「信頼」される教員を目指し、これからも続けていきたいと思っています。

授業では、子どものつぶやきを大切に、日々の授業に取り組んでいます。子どもの何気ないつぶやき、発言、やり取りから、学びの核に迫ることができるように努めています。また、思考を深めるためにも、答えのない討論を心がけています。国語の授業『ごんぎつね』では、「ごんと兵十は分かり合えたのか」、『モチモチの木』では、「物語を通して、豆太は変われたか」など、答えがない疑問や問いを授業の中に取り入れています。

子どもたちが社会に出た時、「1＋1＝2」のような答えばかりの世の中ではないことは明らかです。そんな世の中で、自分なりの意見を持ち、仲間の意見に耳を傾け、理解し合えるような人になれるよう、授業の時から、子どもたちにも投げかけ、共に学び、共に成長する授業を心がけています。

【2】中学校にて

●中学校　奈良　30代　男性

4月の教師塾の翌日には自分が受け持つクラスのAという生徒が「学校に行けない。このクラスではやっていけない」と訴えがありました。聞けば、昨年から不仲だった生徒たちと同クラスとなり、その空間が耐えられないということでした。Aと不仲だった生徒一人ひとりと話し、双方の想いが見えてきました。そこで当事者同士を突き合わせ、話し合う機会を設定した際、Aは「俺のこと嫌ってるやろ？　俺の気に入らんことがあったら言ってほしい。改善する。俺はみんなと仲良くしたい」と訴えました。とても素直で真っすぐな表情でした。すると、不仲だった生徒の中には涙を流し、これまで無視したり悪口を言ったりしたことを謝罪する者がいました。双方ともとても立派な姿でしたし、その空間はとてもエネルギーにあふれていました。

次に宇城先生にご指導いただいたのは11月の教師塾でした。その翌日、ある女生徒と二者面談をする機会がありました。少し前から浮かない表情をしていたその生徒に「最近どうや？　下校時の表情が元気ないように見えたけど？」と問いかけると「先生は気づいてくれるんですね」と涙を流しながら話し始めました。

普段は天真爛漫で成績も優秀な生徒なのですが、家庭にしんどい状況があり、そのつらさを話してくれました。さらに、今まで他の誰にも話したことはない本人のとても繊細な悩みを打ち明けてくれました。その翌日からその生徒の表情と私への接し方が全く変わりました。

3度目のご指導は先日開催された道塾の体験講習会でした。その講習会の翌日にはある生徒が、「相談にのって欲しい」とやってきました。その子は誰よりも明るく素直でエネルギーにあふれた子どもらしい生徒でしたが、2学期に入り表情がずっと暗く、本当に心配していた生徒でした。これまでにこちらから声をかけていましたが「何もないです」と話そうとはしませんでした。相談のはじめ「先生、ずっと気にかけてくれてありがとうございました。それやのに何も話さず失礼な態度をとってしまってごめんなさい。まず、とにかく謝りたかった」と言い出しました。

そこから自身の家庭が抱えている問題を話し始めました。本人にとってはこれまでもこれからも誰にも話せないという、とても繊細な内容でした。まだ完全に表情が晴れたわけではないのですが、少し元気を取り戻してくれました。

他にもクラスを越えて自分の家庭に居場所がなくとてもつらい思いを抱えている子が相談に来ています。これらの経験が単なる偶然であるとは思えません。宇城先生の教えに触れさせていただいたことで私自身の内面に変化が生じたことで起こったのだと思います。

●中学校　奈良　40代　男性

お昼の給食を食べにだけ学校に来る生徒がいます。一日でちゃんと食べることができるのが給食だけのようで、初めはそれだけに教室に行くのが悪いと思っていたようで食べなかったのですが、「給食だけでいいから教室に入って食べなさい」と声をかけると少しずつ食べるようになり、今は給食前に学校に来るため、夜遊びをやめているようです。一日3時間ほど学校に来ます。来たら「今日の目標を立て、約束を守る」ことをさせていますが、給食を食べるようになってから、話を素直に聞いてくれるようになったと思います。

女生徒の中で、小学校の頃、人間関係のトラブルから不登校になってしまい、4年生ぐらいから学校に行けなかった生徒がいます。中学生になって、頑張って学校に来ていますが、授業には入れない様子が続きました。ただ話はすごくできるので、怒らず、たくさんの話をした2週間目ぐらいから教室で授業を受けるようになり、生徒本人も周りが変わってきたように感じているようです。私自身は先生に教えていただいたように、受け止めて包み込み、愛情で寄り添い、希望を持たせるように毎日話すようにしています。

愛情がすべてだと本当に感じています。以前は自分の感情をぶつけ、子どものためにと思っていましたが、力で無理やり変えようとしていただけでした。先を見据えて、今何をしないといけないのかを持って、今の子どもに愛情を持って接することが教育活動なんだとこの学校に来て気づかされました。心が大事だと本当に感じました。言葉にするのが難しいのですが、頭で考えたことは進まないいんだと思います。心や信念、思いや志が先にあって、考えていくこと、純粋に子どもためにと考えることができれば、先がクリアに見えて進んでいくような気がします。

●中学校　山口　30代　男性

３人一組で行なう検証（いがみ合う時と仲良くハグする気持ちで向い合う時の変化を感じる検証）を体育の授業で子どもたちに体験してもらいました。最初は半信半疑の感じで、その違いをなかなか感じることができませんでしたが、一緒に手を添えて繰り返し行なうなかで、その違いをはっきりと感じる生徒たちが出てくれました。

なぜ、そのような変化が出るのかの説明は、生徒の感じる力や感じたことを曇らせてしまうと思ったのでしませんでした。しかしその後、その検証を行なったクラス全体の雰囲気は一つになっている印象を受けています。

クラスの中にはいろんな子どもたちがおり、それぞれの考えや思いが交錯しているため、どうしても常にバラバラになってしまいがちだと感じていたのですが、その感じが少なくなっていたり、より自然な一体感やまとまりが出てきたりしていると感じています。また、検証をして違いを感じた時の子どもたちは、驚きや言葉にできない貴重な学びを得た時のような、喜びの笑顔を見せてくれており、それがとても印象に残っています。

普段の授業では、言葉による指導や目に見える動きや従来の各競技の思考パターンを生徒に提供するような内容に終始しがちですが、この度の検証を通して現われた子どもたちのその後の変化は、自分の身体と心で学び、気づくということは、自然とその人を成長や変化へ導くものだと、私自身も大変貴重な気づきをいただきました。

【3】高等学校にて

●高等学校　奈良　30代　男性

遅刻で登校した生徒に対し、頭ごなしに話（対立）をしていたところがありましたが、まず遅れてでも学校に登校したことを、褒めてあげる（受け入れる、調和）ことから始めると、生徒の表情や遅刻の回数にも変化が現われ、以前と比べると生徒のほうからこちらにコミュニケーションを取ってくる機会が多くなったように感じています。普段から生徒の良い部分や頑張っていることを声掛けすることで、生徒の変化を少しですが感じている自分がいます。

●高等学校　三重　30代　男性

教室に入る時の一礼

駆け足で教室に入り、慌ただしく授業をスタートするのではなく、一礼をして教室に入ることで、場の雰囲気や空気が変わることを、学ばせていただいています。それに対して生徒は口にはしませんが何かを感じ取っているのではないかと思います。何も言わなくても、礼一つで、落ち着いた形で授業に入っていくことができることが少しですが増えてきました。

生徒を前にした時の挨拶

「お願いします」「ありがとうございました」授業の最初と最後で生徒の目を見て、姿勢を作り、呼吸を入れ、心から細胞から挨拶をすることで生徒をよく見ることができるようになりました。少しですが、自分のようなレベルの人間でも自分が変われば他人（生徒）も変わるということを、身をもって実感させていただいています。

生徒の心に寄り添う姿勢

遅刻してきた生徒、問題行動を起こした生徒に対して、生徒の背景を思い、相手の側に気持ちを置いて声をかけることができるように少しなりました。ただ、私のレベルが低いのは、こうすれば生徒はよくなるだろうと頭で考え行動してしまうところです。心からそのような行動ができるように身体を作っていきたいと思います。

一方で生徒と衝突し、保護者と衝突し、自分と衝突している若い先生が本校にはたくさんみえます。そのような先生に偉そうなことは言えませんが、自分が行動して実践することで、今よりももっともっとよい学校になっていけるように、精進したいと思います。

衝突することの弱さ

管理職の先生、同僚の先生、事務の方、保護者、生徒、地域の方、多くの方と協力をさせてもらい、仕事をさせていただいています。強引に物事を決めようとする姿勢が教員間の亀裂を生んできました。各部署で、その立場の先生にしか分からないことはたくさんあります。だからこそ、同僚の先生にも心から寄り添い、会話をすることが調和への一歩なのだということを実感しています。「よい雰囲気になった」「また教員間で意見の対立がある」これの繰り返しです。

自分中心の考えが、いかにもろいかということに気づかせていただいております。勉強して勉強して、次に進んでいきたいと思います。

●高等学校　岐阜　40代　男性

必ず授業開始2分以上前に教室へ入ります。入る前には必ず教室へ向かって一礼します。また、教室全員の顔を眺めながら、胸のライトで教室全体を照らすようにしています。

とくに私が自分自身を戒めているのが、いわゆる「優等生」のように立ち居振る舞うことを生徒に求めないこと、さらにそのような振る舞いそのものを信用しないことです。生徒の振る舞いではなく、その振る舞いの内面にあるものについて、気づけるようになりたいと思って実践しています。

必ず学期ごとに生徒による授業評価を行ないますが、こうした実践を続けていく中で、「生徒一人ひとりのことを見ている」という評価が高くなっています。

一方で、このような実践を通して、私自身の気力が充実していなかったり疲れたりしている時は、いくら礼をしようがライトを照らそうが、生徒をまとめることができないことも分かってきました。つまり、一礼もライトも形だけでは駄目で、終始自分自身を充実させておく必要があるということです。

●高等学校　奈良　30代　女性

主顧問の経験はなく、専門ではないソフトテニス部を受け持つことになり、不安は多少ありました。部活動指導で初めに私が実践したことは、「姿勢」です。円陣でミーティングをする際の立ち姿勢をきっちり立つこと、手を揃えること、両目が見える位置に立つことを指導しました。男女ともに指導したところ、すぐ実践し、見違えるほどの変化が見られたのは女子でした。転勤された前任の顧問の先生に5月の大会で、「女子はしっかりした顔つきになりましたね」と声をかけられました。

次に実践したことは環境・場を整えることです。草を抜き、土を入れ、掃除道具を新調し、マネージャーも含め環境整備の指導を行ないました。着任する直前に男子部員がラケットで目の上を切り、数針縫う怪我があったと聞いていたので、場を整えることの重要性を指導しました。現段階で練習試合を含め、流血等の怪我は1件もありません。何よりもの救いは部員が全員素直なことです。実践を重ねています。素直な人間が実践を重ねることで結果が出ることを証明したいです。

また、3年生の男子部員に注目選手がいました。インターハイ出場に向けて前任の先生と二人三脚で積み上げてきたものを私が引き継ぐことになりました。他校からも注目されるような選手をどう指導しようか考えた時に、私が実践したことは、毎日部員の顔を見に行き、様子を見ることです。できるだけ同じ時間を共有し、「普段」の様子を見てあげることにしました。技術指導ではなく、寄り添うことは手を抜かないように実践しました。

ミーティングでは一貫して、「できる」は「自信」になる事と部活動を終えた節目と卒業する節目に自分を振り返り、何が身についているかを考えて取り組むことの2つを伝えました。実力のある2人は、勉強も学年トップクラスで感性がずば抜けて良いと感じていましたので、結果、県1強と呼ばれる学校（全国制覇歴多数）を破り、インターハイ出場を決めました。どこでも応援され、可愛がられた2人は周囲と調和した結果が出たのだなと勉強になりました。

新チームになってからは、胡座や呼吸法を取り入れて指導しています。プレーにおいても私生活においても自信がなく潰されてしまう生徒たちに、「できることが自信になる。つまりは、自信はすでにたくさんあることに気づいてほしい」という事を伝えています。生徒の変化として、まず挨拶の質が変わりました。そして会話のラリーが増えました。４月当初は報告・連絡・相談もできませんでしたが、大人と「話す」という事に抵抗がなくなってきたように感じます。

次に気になる部員についての実践と現状報告です。女子部員の一人で、かなりの痩せ体型で極度のＯ脚、低学力で常に欠点補充対象です。家庭環境は、経済的に問題はなく、両親と兄の４人家族です。大学に進学した兄は中途退学をして引きこもりです。それに対して、父親は無関心、母親は疲弊しストレスを抱えている様子でした。彼女が気になった理由は、身体の硬さが性質・性格とがイコールだと感じたからです。最初は二人で会話をしても目が合わず、言葉が返ってきませんでした。とても頑固で大人（教員）に対して不信感があるように感じました。副顧問の先生に彼女について話を聞くと、どうやらその副顧問の女性教諭との人間関係がうまく構築されず、指導が入らない状況だという事でした。練習中にその先生のもとへアドバイスを聞きに行く様子を見ていると、下を向いたままで明らかに拒絶の態度でした。

「彼女を変えたい」と感じ、実践したことは手を触れ寄り添うことです。引っ張るのではなく、手を添えてくっつける。肩を持って一緒に歩む。できている事を褒める。

ふとした瞬間に文字通り実践しました。思うようにプレーができない時に腰を据えて話しました。彼女は自分の悩んでいる事や家族の事について話してくれました。その様子はとても幼い子どものようでした。自分と周囲と衝突することは苦しく、痛く、軽くなる。自分を認めて周囲と調和することで変化が生まれることを伝えました。副顧問の先生との関係が気になる事も伝えました。彼女は首をかしげながら、「やれる自信がない」と返してきましたが笑顔でした。じっくり待とうと思い、見守りました。

私のつながりで、今年度、無償でコーチに来てくださる先輩にも彼女の事を相談しながら、5ヵ月が経ちました。年内最後の大会で、副顧問の先生のもとへアドバイスを聞きに行く彼女は、真っ直ぐ相手の目を見て、大きく頷き、質問をしていました。内側の変化を行動で示していました。そんな彼女の変化が嬉しい反面で、それと同じくらい大人（教員）の鈍感さ、傲慢さ、横柄さに怒りがこみ上げました。これが、エネルギーになるんだと感じています。

【4】大学（野球部）にて

●大学　大阪　60代　男性

自身の「あり方」が「生き方」につながる

すぐに指摘したり教えるのではなく、まずは学生から話をさせるようにしています。言われたことに対して「ハイ」といって済ませるのではなく、自分とは？というところが分かってこそ自らを深めていくことにつながり、日常における実践を通して自分の「道」にしていくことができると考えております。「大学生＝社会人」、社会人になってから社会人ではなく、大学生の時から学生に対しての目線を社会人として接するようにしています。もちろん個人差はありますが、そこは全体を見ながら個々によって対応を変えるようにしています。

昨今の便利な世の中、調べると何でも簡単に出てくる、店に行きお金を出せば何でも手に入る時代、そういったところで日常が当たり前になり、「ありがたさ」が薄くなり、現代の恵まれているという環境がどんどん若者のエネルギーを下げ、心身を弱くしているように感じます。まずは自分から行動を起こす、自ら発言、発信、受け継いでいく、そのためには自身の「中心」を持つことが大切になります。

学生個々の成長を見ていますと、中心ができてきている学生は、全体を受け入れることができ、自分以外の周りにも目を向け、行動を起こすことができるようになります。逆に自身に中心がないと、行動自体も自分中心になり、人を思いやることができず人を簡単に傷つけることになります。自分の成長は自身では分かりませんが、自分の変化に気づけるようになるには、日常を通しての自身のあり方、実践の深さが重要になります。まさに「教える、教わる」ではなく「気づく、気づかせる」が大切なのです。教わったことをそのまま続ける人間と、自分で気づいたことを行動、実践に変えていける人間とでは中身もそうですが、何よりもそのエネルギー、スピードが違います。

学生たちの感想文を見ておりますと、その文面からも自身の変化を感じ自ら前に進んでいる学生、内面から発するエネルギーを感じる学生も増えてきています。それが「気づき」からくる実践を通しての生きる力になっているように思います。

そこに答えはありませんが、変化している自分に気づけることが、自信、土台となり、周りの人に寄り添いながらエネルギーを高め続ける原動力になります。そして周りを包み込む広い心が育まれていくように感じます。何を自分の「中心」に置くかが大切です。また自分がどうなりたいかではなく、どうあるべきかに気づけるようになると、身体を通しての変化にも気づけるように変わっていきます。

身体は正直

嘘、誤魔化し、横着な日常を過ごしていると、無意識の中で身体もそのようになっていきます。逆に周りに対して目配り、気配り、心配り、自身も謙虚な生き方をしていますと、身体も強くなります。これは筋トレで身体を鍛えるという次元とは訳が違います。また、断片的、部分的ではなく「全体」を見る、感じる、掴む、深め、広げていく、それが全体の空気感となり、周りに連鎖しながら全体に広がりつながっていく。まさに「心あり」です。

素直、正直、謙虚さは、自身の生き方として身体に刻み込まれていきます。そういった中心を持った人間から発せられるエネルギーは、どんどん周りに伝播していき、全体の空気を変えていきます。

また自身も身体を通して目に見えない空気感を感じ取れるようになり、人との比較や目先の結果ではなく、すべてを受け止め、受け入れる、そういったことが学生の真の成長につながり、捉われのない無限のエネルギーの発動となります。それはスポーツという狭い枠ではなく、「先を取る」という人生を通しての生き方として表われるように感じます。

学生の変化

スポーツ（野球）における結果ではなく、日常を通しての姿勢、周りに対する思いやり、謙虚さ、そして嘘のない素直な自分……。結果だけに目をやると、どうしても「自分が…」となり、勝ち負け、善し悪し、周りとの比較だけで終わります。

人間は、捉われの中で「高める」ことが目的ではなく、実践を通して「深める」ことによって人間性が磨かれ、根源にある無限のエネルギーの深まりを感じ取れるようになります。

野球の中で変わってきたように見える学生は、野球以外の日常が変わったと言えます。それは落ち着き、余裕、そして目の奥（内面）が変わっていく。要するに自立の一歩を歩んでいるように感じます。

また具体的には、「目、呼吸、姿勢」が大事だと思いますし、それは日常全体においても言えることです。まさに大切なことは「日常を通して…」ということです。小、中、高、大学へと進むなかで、その先の大人として、「大学生」から「社会人」として、そして将来「親」としてのあり方、生き様が子どもへとうつっていく。その責任は非常に重いのです。

まさに教育に終わりはない。「常にここから」「常に勉強」という志の高さと、時間を止めることがない覚悟ある生き方から発せられるエネルギーの燃焼こそが、未来への希望の光となっていくと感じております。

第五章　宇城憲治先生語録

○勉強は量ではなく　スピードだ

○子どもたちに「火種」をつけることです

○自分が子どもに戻ることはできないが
自分が子どもにできることはある

○信頼とは「愛情　寄り添い」です

○力の反対は、力を抜くではない　「調和する」だ

○時間は横に進むだけ　時空には空間がある

○そこに答えはない　はるかに次元の違うところだ

○今の中に〝未来〟がある

○暗黙知を形式知に
見えないものを見える形で示してやることです

○競争を乗り越え　我欲を超越することです

○何を目指して学ぶのか
師匠を持ち　目指すものがあれば
その後の生き方は格段に成長する
変わるなら劇的に　そこに時間をかけなくていい

○君は10年後に車が電気自動車・自動運転などと
変化していくようなことを教育にも求めてるんじゃないか

○誰かが言わないといけない
それをするのは〝師のつとめ〟でしょう

○教師がその程度であれば教える資格はない
生徒が可哀そうだ　責任は大きいですよ

○もともと身体は対立をするようにできていない

○戦わずして勝つ　敵を作らずに仲良くし愛するということ
愛するとは相手を尊重し、許容すること
許容するとは自分の器を大きくすること
自信から他尊が生まれる

○教室を最高の場に

○人生に定年はない

○弱者を救った時が　人間は一番強くなる

○男女平等ではなく　男と女ふたつでひとつ

○楽しいやろ

――先生を理解するには、理解できる身体が必要である（塾生）

宇城憲治 うしろ けんじ

1949年 宮崎県小林市生まれ。

エレクトロニクス分野の技術者として、ビデオ機器はじめ衛星携帯電話などの電源や数々の新技術開発に携わり、数多くの特許を取得。また、経営者としても国内外のビジネス界第一線で活躍。一方で、厳しい武道修業に専念し、まさに文武両道の日々を送る。

現在は徹底した文武両道の生き様と武術の究極「気」によって人々の潜在力を開発する指導に専念。空手実践塾、宇城道塾、教師塾、各企業・学校講演、プロ・アマ スポーツ塾などで、「学ぶ・教える」から「気づく・気づかせる」の指導を展開中。著書・DVD 多数。

㈱ＵＫ実践塾 代表取締役
宇城塾総本部道場 創心館館長
潜在能力開発研究所 所長
宇城道塾 塾長

創心館空手道 範士九段
全剣連居合道 教士七段（無双直伝英信流）

ＵＫ実践塾ホームページ　http://www.uk-jj.com

森島伸晃 もりしま のぶあき

1964年 奈良県磯城郡生まれ。天理大学卒。保健体育科教諭
信貴ケ丘高校（現西和清陵高校）、斑鳩高校（現法隆寺国際高校）、桜井高校、県教育委員会生徒指導支援室、大和中央高校、大淀高校（現奈良南高校）を経て現在、奈良高校教諭。
2005年1月よりＵＫ実践塾代表 宇城憲治氏に師事。

宇城道塾

東京・大阪・仙台・名古屋・岡山・熊本で開催。随時入塾を受け付けている。
宇城教師塾は関西・関東で実施。受講については宇城道塾事務局にお問い合わせください。

宇城道塾ホームページ　http://www.dou-shuppan.com/dou
事務局　TEL: 042-766-1117
Email: do-juku@dou-shuppan.com

公式テキスト：『気の開発メソッド　初級編／中級編』
季刊『道（どう）』
『宇城憲治に学ぶ「気」とは』
『身体に気を流す宇城式呼吸法』
『人間の潜在力』
『心と体 つよい子に育てる躾』

教材ＤＶＤ：『宇城空手 in Aiki Expo』
『永遠なる宇城空手』
『宇城憲治　ネパール・ムスタン訪問記録』

教師が気づけば生徒が変わる！
―― 宇城教師塾実践録にみる 真の教育とは何か ――

2023年9月23日　初版第1刷発行

宇城教師塾事務局編　宇城憲治監修

定　価　本体価格 1,000円
発行者　渕上郁子
発行所　どう出版
〒252-0313　神奈川県相模原市南区松が枝町 14-17-103
電話　042-748-2423（営業）　042-748-1240（編集）
http://www.dou-shuppan.com
印刷所　株式会社シナノパブリッシングプレス

ISBN978-4-910001-35-7
落丁、乱丁本はお取り替えいたします。お読みになった感想をお寄せください。